| r | ra | ri | re | ré | | ro ra re | po re | o pé ré | ré pa ré |

4ᵉ LEÇON.

	a	i	e	é	o	è	u				
p	pa	pi	pe	pé	po	pè	pu	è re	ru e	o pè re	ra pu re
								pè re	re pu	re pè re	re pa ru
								pu re	ra pé	pa ru re	pa re ra
r	ra	ri	re	ré	ro	rè	ru	po re	pi re	o pé ra	é pu ré

5ᵉ LEÇON.

	a	e	i	o	u	é	è				
p	pa	pe	pi	po	pu	pé	pè	a mi	mè re	a mi e	a mè re
								é mu	ma ri	o pi me	mo ru e
r	ra	re	ri	ro	ru	ré	rè	mi me	ma re	re mu é	ma ri é
								ra me	mu ré	mo mi e	ri me ra
m	ma	me	mi	mo	mu	mé	mè	ro me	mi re	mé ro pe	ra me ra

MÉTHODE DE LECTURE ET DE PRONONCIATION, PAR L.-C. MICHEL,

2ᵉ TABLEAU. Approuvée par l'Université. 1ʳᵉ CLASSE.

6ᵉ LEÇON.

a e é è i o u

d da de dé dè di do du
l la le lé lè li lo lu

Mots.

de mi   mo de   i do le   dé mo li
la me   ri de   mo dè le   ra pi de
di re   du pe   a do re   mo ra le
li é   do ré   dé li re   do ru re
li me   ru de   mé di re   ma dè re

Phrases.

la mu le du pa pe - la pi pe de pa pa
la ra me do rée - la da me pa rée
la pa ro le du re - la li me ru de
la pi lu le a mè re - le ma la de dé li re
la la me po lie - la ru e dé mo lie

7ᵉ LEÇON.

b ba be bé bè bi bo bu
f fa fe fé fè fi fo fu

Mots.

fi le   bo a   o bé i   a bo li
fa de   lo be   o bo le   pa ra de
fu me   dé fi   fi dè le   dé ro be
bu re   fo ré   fi le ra   re mu e
ro be   fe ra   mo bi le   fé ru le

Phrases.

le bo a re mu e - la pi lu le fa de
la mu le a bu - la pa ra de dé fi le
la pi pe fu me - la pa ro le fi dè le
la ro be de bu re - ma mère a fi lé
la mo de a bo lie - mo dè re la fo lie

8ᵉ LEÇON.

a e é è i o u

n na ne né nè ni no nu
t ta te té tè ti to tu

Mots.

fi ni   ta ri   pi lo te   la mi né
lu ne   mè ne   pa tè ne   ré u ni
ta pe   di te   fa mi ne   la ti ne
é té   pu ni   fa ri ne   dé ri de
mi ne   da te   a ni mé   mé di té

Phrases.

de la fi ne fa ri ne - le ti mi de pi lo te
- u ne fi dé li té ra re - mo dè re ta
ti mi di té - u ne a mi e fi dè le de ma
mè re - a do re le père de la na tu re
- la pa ra bo le mé di té e.

9ᵉ LEÇON.

j ja je jé jè ji jo ju
s sa se sé sè si so su

Mots.

jo li   ju pe   ju ju be   sû re té
sa lé   se ra   so li de   sa tu ré
je té   sa li   sa le té   tu li pe
se mé   je ta   jo li e   sa ti né
ju re   ju da   ta pe ra   re je té

Phrases.

la pa ro le ju ré e - je me re ti re-
sa le la sa la de - le so fa se sa li ra -
u ne jo li e ma ti née - i mi te la
sé ré ni té de ta mère - je te ti re de
la so li tu de - le ma la de se ra sé pa ré.

MÉTHODE DE LECTURE ET DE PRONONCIATION, PAR L.-C. MICHEL,
Approuvée par l'Université.

3ᵉ TABLEAU.   1ʳᵉ CLASSE.

10ᵉ LEÇON.

	a	e	é	è	i	o	u
V	va	ve	vé	vè	vi	vo	vu
Z	za	ze	zé	zè	zi	zo	zu

Mots.

vi ve	ra ve	to pa ze	mé lè ze
zè le	vi de	a va re	zi za ni e
la ve	rê ve	vo lu me	va ri é té
zé ro	sè ve	va ni té	zé lé e
ri ve	zo ne	vé ri té	vi ro le

Phrases.

la lu ne se lè ve — vé nè re ta mè re — la ra me du na vi re — la va ni té se ra pu ni e — la zi za ni e a été se mé e — la du re té de la to pa ze — la vu e de la ri ve te ra vi ra — le zè le de la vé ri té — é vi te le pa vé sa le de la ru e

11ᵉ LEÇON.

	a	e	é	è	i	o	u
c	ca					co	cu
g	ga					go	gu

Mots.

ca ve	ga lè re	ri di cu le
ga re	é co le	co lo ri é
cu ré	ga lo pe	ga le ri e
go be	co lo ré	ca ra co le
cu ve	é ga ré	ca ma ra de

Phrases.

la cu ve vi de — go be la pi lu le — la ca le du na vi re — u ne fi gu re co lo ri é e — la ca po te de ga ze — la ca va le ga lo pe — u ne é co le mo dè le — le ca lo ri fè re de la ca ve — u ne a ma zo ne ca ra co le.

12ᵉ LEÇON.

a e é è i o u
A E É È I O U

b c d f g j l m n p r s t v z
B C D F G J L M N P R S T V Z

Mots.

A dè le, É mi le, I ta li e, O zé e, U ra nie,
É o le, U rie, A ra bi e, É mi li e, I ré né e,
A di ne, È ve, A li ne, É po ni ne, A na to le,
Ba de, Ca ro li ne, Dé da le, Fi dè ne,
Ga za, Ju li e, Li a, Ma ri e, No é, Pa pe,
Ro me, Sa ra, Ti vo li, Va lé ri e, Zé li e.

Phrases.

VÉ NÈ RE TA MÈ RE — RÉ VÈ RE MA RI E — MO DÈ RE TA CO LÈ RE É VI TE LA VA NI TÉ — RÉ PA RE TA FO LI E — I MI TE LA NA TU RE LA VE TA FI GU RE — A DO RE LA DI VI NI TÉ — JU RE DE DI RE LA VÉ RI TÉ.

Mots. EXERCICES RÉCAPITULATIFS. *Phrases.*

Bi le. Fu ma. Lu bi e. Va ri e. Bo ré e.	Sa mo ra le pu re. Ma mè re a do ré e.
A ri de. Ra de. Ma la de. Pa ro le. So fa.	La fé e li bé ra le. O bo le dé ro bé e.
Na tu re. Sa li. U ni. Te nu. Ba di ne.	Ta mi ne dé ri dé e. La fa mi ne a é té
Ca va le. Ga ze. Zo di a ca le. Jé ré mi e.	ru de. Une ca ri ca tu re ri di cu le. Zo é
I do le. O li ve. É ga li té. Zi be li ne.	a dé jà sa li sa ju pe. Je me re ti re.

MÉTHODE DE LECTURE ET DE PRONONCIATION, PAR L.-C. MICHEL,

4ᵉ TABLEAU.   *Approuvée par l'Université.*   1ʳᵉ CLASSE.

Figures mnémoniques pour rappeler le son et la valeur des Lettres.

TABLEAU DES VOYELLES.   TABLEAU DES CONSONNES.

Le Rat. **a**   L'Escargot. **o**   L'Éléphant. **an**   La Croix. **oi**   La Pipe. **p**   La Robe. **b**   L'Ours. **s**   La Vache. **ch**

La Pie. **e**   L'Écu. **u**   Le Raisin. **in**   Le Chien. **ien**   La Mère. **r**   Le Cerf. **f**   La Cave. **v**   Le Cygne. **gne**

Le Curé. **é**   Le Mouton. **on**   La Pomme. **m**   L'Ane. **n**   L'Église. **z**   La Chenille. **ill**

Le Mulet. **è**   Le Feu. **eu**   Le Numéro. **un**   Le Bœuf. **euf**   La Cascade. **d**   La Tête. **t**   La Barque. **c**

Le Nid. **i**   Le Loup. **ou**   L'Écureuil. **euil**   La Poule. **l**   L'Ange. **j**   La Figue. **g**

SYLLABAIRE GÉNÉRAL.

	a	e	é	è	i	o	u	eu	ou	an	in	on	un	oi
b	ba	be	bé	bè	bi	bo	bu	beu	bou	ban	bin	bon	bun	boi
c	ca					co	cu		cou	can		con	cun	coi
d	da	de	dé	dè	di	do	du	deu	dou	dan	din	don	dun	doi
f	fa	fe	fé	fè	fi	fo	fu	feu	fou	fan	fin	fon	fun	foi
g	ga					go	gu		gou	gan		gon	gun	goi
j	ja	je	jé	jè	ji	jo	ju	jeu	jou	jan	jin	jon	jun	joi
l	la	le	lé	lè	li	lo	lu	leu	lou	lan	lin	lon	lun	loi
m	ma	me	mé	mè	mi	mo	mu	meu	mou	man	min	mon	mun	moi
n	na	ne	né	nè	ni	no	nu	neu	nou	nan	nin	non	nun	noi
p	pa	pe	pé	pè	pi	po	pu	peu	pou	pan	pin	pon	pun	poi
r	ra	re	ré	rè	ri	ro	ru	reu	rou	ran	rin	ron	run	roi
s	sa	se	sé	sè	si	so	su	seu	sou	san	sin	son	sun	soi
t	ta	te	té	tè	ti	to	tu	teu	tou	tan	tin	ton	tun	toi
v	va	ve	vé	vè	vi	vo	vu	veu	vou	van	vin	von	vun	voi
z	za	ze	zé	zè	zi	zo	zu	zeu	zou	zan	zin	zon	zun	zoi
ch	cha	che	ché	chè	chi	cho	chu	cheu	chou	chan	chin	chon	chun	choi
gn	gna	gne	gné	gnè	gni	gno	gnu	gneu	gnou	gnan	gnin	gnon	gnun	gnoi
ill	illa	ille	illé	illè	illi	illo	illu	illeu	illou	illan	illin	illon	illun	illoi
x	xa	xe	xé	xè	xi	xo	xu	xeu	xou	xan	xin	xon	xun	xoi

MÉTHODE DE LECTURE ET DE PRONONCIATION, PAR L.-C. MICHEL,

5ᵉ TABLEAU. — Approuvée par l'Université. — 2ᵉ CLASSE.

1ʳᵉ LEÇON. (*Consonnes composées.*)

a e é è i o u

ch cha che ché chè chi cho chu

gn gna gne gné gnè gni gno gnu

Mots.

co che   ru che   di gne   cha ri té
rè gne   chè re   ga gné   cha cu ne
si gne   ro che   ni che   i gno re
ri che   lé ché   li gne   chi mè re
pé che   ta che   va che   ma chi ne
ba gne   sè che   mè che   re chi gné

Phrases.

I gno re le pé ché - Si gne ta co pie
A chè ve ta li gne - La bi che se ca che
Le co che che mi ne - Le ca ni che lè che
Je ga gne ma vie - U ne mè re ché ri e
U ne ro be ta ché e - La cha ri té du cu ré

2ᵉ LEÇON. (*Consonnes composées, suite.*)

a e é è i o u

ill illa ille illé illè illi illo illu

Mots.

ma ille   ba ta ille   ra ille ra
fa illi   sa illi e   cu ille ré e
ta illa   fa illi te   é ra illé
bà ille   ca na ille   cha ma ille
ca ille   se ma ille   mé da ille

Phrases.

U ne ba ta ille ga gné e — U ne ma ille
dé chi ré e — U ne fi ne sa illi e — U ne
fa illi te ré pa ré e — Le ba illi a si gné
— No é a ta illé la vi gne — La va che
a dé vo ré la pa ille — La ca na illè se
cha ma ille — U ne cu ille ré e de ca fé.

L'a mi - l'é pi - l'i do le - l'o de - l'u ti le -
j'a do re - j'é tu die - j'i gno re.

3ᵉ LEÇON. (*Voyelles composées.*)

eu   ou

peu feu cheu   vou nou chou
seu jeu gneu   fou lou illou

Mots.

jeu di   mou che   ma jeu re
jou jou   che veu   sou illu re
meu le   feu ille   cha tou illé
pou le   bou illi   mi neu re
lou ve   fou illé   ga zou ille

Phrases.

La mou che du co che — La feu ille du
chou — Le jeu de bou le — U ne jeu ne
pou le — La sou pe a bou illi — La fou le
se mou ille — Le feu a ja illi du ca illou
— La rou e de la ma chi ne se rou ille
Le jou jou d'A dè le — L'a veu d'u ne
a mi e. — Je fou ille ma po che.

à - de là où - d'où - Où va le fou.

4ᵉ LEÇON. (*Voyelles nasales.*)

an   in   on   un

pan chin   min jon   zon lun
gan tin   gnin illon   chon cun

Mots.

ma man   bon té   mon ta gne
cha cun   ga zon   An to nin
bou illon   chan son   ou ra gan
pin son   a lun   vi gne ron
lun di   mi gnon   ran cu ne

Phrases.

Le pin son chan te de bon ma tin — Le
feu du sa pin du re peu — Ma man
de man de son pe lo ton — Mon
pan ta lon se ra fi ni lun di — On a
ton du mon. mou ton — Fan chon
chan te u ne chan son — Mon la pin
se ré ga le de la feu ille du chou —
L'é té s'a chè ve — Je m'a che mi ne.

MÉTHODE DE LECTURE ET DE PRONONCIATION, PAR L.-C. MICHEL,
Approuvée par l'Université.

6ᵉ LEÇON. (*Diphthongues voyelles.*)

ia ié ie io ieu ian ien ion
oi oin oui uè ui uin

Mots.

Dieu	chien	pia no	fio le
pion	mien	pié ton	tiè de
bien	juin	vian de	é pieu
lui	lieu	Suè de	é tui
roi	pi tié	té moin	poin te

Phrases.

A do re Dieu—Le roi a o bé i à la loi—L'a mi tié se ra mon sou tien—U ne ta ba tiè re d'i voi re m'a é té vo lée à la foi re—Le chien a sui vi la voi tu re—U ne voi le de toi le noi re—Pio che bien la vi gne—La soi ré e s'é cou le a dieu—Le foin se cou pe à la fin de juin—Vi de le vin tiè de de la fio le—Je m'é loi gne du coin du feu—De la vian de bien cui te—Ma mè re a soin du pia no—La foui ne se ca che.

6ᵉ LEÇON. (*Diphthongues consonnes.*)

bl	blé blan che sa ble blon de
cl	clou clo che dé clin bou cle
fl	flan flo re fleu ve mu fle
gl	glu glou ton rè gle san gle
pl	pli plu me dé plu peu ple
br	brin bran che li bre so bre
cr	cri cri ble na cre lu cre
dr	dru ma dré dra gon ca dre
fr	frè re fron de fri re goin fre
gr	gré gran de nè gre o gre
pr	pré pri me pru de pro pre
tr	trou pa trie trin gle mon tre
vr	lè vre cou vre vi vre chè vre

7ᵉ LEÇON. (*Diphthongues consonnes, suite.*)

Mots.

mn	pn	Mné mon pneu mo ni e
ps	pt	pso ra le Pto lé mé e
sb	sp	sbire spi ra le spa tu le
sc	scr	sca pin scri be scru té
st	str	sta ble Stra bon sto re
x { cs		a xe ri xe lu xe se xe
gs		exi lé exo de exa mi ne

Phrases sur les 6ᵉ et 7ᵉ Leçons.

J'ou vre vo tre li vre—La plan che a é té cri blé e—Un trou d'é pin gle—Mon frè re a ou bli é sa fa ble—Ta pro pre té a plu à no tre mè re—L'i vro gne ri e rui ne la san té—La so bri é té la ré ta bli ra—Une pneu mo ni e a é prou vé vo tre poi tri ne—Sca pin se rail le de Sca ra mou che—On a é le vé u ne sta tu e à Pto lé mé e—Scru te ta con dui te—É vi te le scan da le—Mon pè re a lu le li vre de Stra bon—Le sbi re a spo li é la veu ve du scri be—Dieu a fi xé l'a xe du mon de—E xa mi ne la spi ra le de la mon tre—Un trou e xi gu.

MÉTHODE DE LECTURE ET DE PRONONCIATION, PAR L.-C. MICHEL,

7ᵉ TABLEAU. *Approuvée par l'Université.* 2ᵉ CLASSE.

8ᵉ LEÇON. (EXERCICES RÉCAPITULATIFS SUR LES PRÉCÉDENTES LEÇONS.)

Phrases.

La ca pi ta le de la Po lo gne — La ma ille de la fi lo che se dé chi re — Le fou re dou te peu le feu — U ne lou ve fa rou che a ga gné la rou te de la mon ta gne — U ne seu le ta che a sou illé ma ro be neu ve — Le mou che ron se joue du lion — Ton man chon ca che mon pan tin — On dan se ra u ne ron de — L'ou ra gan a sou le vé la tui le du coin de la toi tu re — La trui te pré fè re un fleu ve ra pi de — Je trou ve vo tre plu me bien ta illé e — Le scan da le de ton lu xe in di gne la foule — L'e x i lé a vé cu loin de sa pa tri e — Un cri me e x é cra ble a dé pou illé mon on cle de son pa tri moi ne.

9ᵉ LEÇON. (*Syllabes consonnantes.*)

	a	e	eu	o	i	u	ou
b	ab (ba)	eb (be)	eub (beu)	ob (bo)	ib (bi)	ub (bu)	oub (bou)
c	ac (ca)	ec	euc	oc (co)	ic	uc (cu)	ouc (cou)
d	ad (da)	ed (de)	eud (deu)	od (do)	id (di)	ud (du)	oud (dou)
f	af (fa)	ef (fe)	euf (feu)	of (fo)	if (fi)	uf (fu)	ouf (fou)
g	ag (ga)	eg	eug	og (go)	ig	ug (gu)	oug (gou)
l	al (la)	el (le)	eul (leu)	ol (lo)	il (li)	ul (lu)	oul (lou)
p	ap (pa)	ep (pe)	eup (peu)	op (po)	ip (pi)	up (pu)	oup (pou)
r	ar (ra)	er (re)	eur (reu)	or (ro)	ir (ri)	ur (ru)	our (rou)
s	as (sa)	es (se)	eus (seu)	os (so)	is (si)	us (su)	ous (sou)
t	at (ta)	et (te)	eut (teu)	ot (to)	it (ti)	ut (tu)	out (tou)
ill	ail (illa)	eil (ille)	euil (illeu)	oil (illo)	il (illi)		ouil (illou)
m	am (ma)	em (me)		om (mo)	im (mi)		
n	an (na)	en (ne)		on (no)	in (ni)		
x	ax (xa)	ex (xe)		ox (xo)	ix (xi)		
s-c	ans			ons	ins		onc
f-r			oif	oir	ief	uif	uir

10ᵉ LEÇON. (*Syllabes consonnes, exercices.*)

Mots.

Job	Mo ab	ra doub	ad mi re
lac	bouc	ac tif	ob jec te
sud	rob	dog me	ab ju re
neuf	bec	fleg me	struc tu re
cap	ap te	cru el	ju lep
cor	es poir	é mail	ar deur
Fox	mix te	ver meil	pas teur
noir	Pri am	si lex	ab do men
soif	re lief	fier té	cuis tre
juif	Sé lim	mons tre	ins pec te

Phrases.

Rien n'a pu al té rer le cal me de Job — Le sud du lac sera à sec — J'ad mi re le fleg me de ma mè re — Le bouc brou te la feu ille de l'if — On a ob te nu du suc de la fleur un re mè de ac tif Res pec te la ver tu du jus te — Le lac dé bor dé i non de la fer me du cul ti va teur — La mul ti tu de va cou rir à sa per te — L'ar tis te es père ob te nir u ne mé da ille d'or — Je pré fè re le fe nouil à l'ail — Le noir se por te pour si gne de deuil — J'ad mi re le cal me du soir — L'a mi ral a pu voir fuir le pi ra te — On é vi te un ca rac tè re fier — Le fac teur ru ral por te un sac de cuir noir — La lu miè re du gaz é ga le la lu miè re du jour — Pour fuir la fier té con sul te ton mi roir.

MÉTHODE DE LECTURE ET DE PRONONCIATION, PAR L.-C. MICHEL,

8ᵉ TABLEAU.   *Approuvée par l'Université.*   2ᵉ CLASSE.

11ᵉ LEÇON. *(Voyelles longues.)*

a   é   o

pa tin   mè re   Ro me
ma lin   pè re   no te

â   ê   ô

pâ te   mê me   dô me
mâ le   pê che   cô te

eu   i   u   ou

jeu di   vi te   pu re   rou te

eû   î   û   oû

jeû ne   gî te   mû re   voû te

Phrases.

Le dô me do mi ne la voû te—La rou te se ra sû re—La mû re a é té mû re jeu di—La jeu ne Ma rie jeû ne—Lé on a fi ni sa tâ che à mi di—A dè le a u ne ta che à sa ro be—Le mâ tin rô de le ma tin.

12ᵉ LEÇON. *(Doubles consonnes.)*
Mots.

bb   ff   a bbé   gri ffe   e ffroi
cc   ll   o ccu pé   co llé   se lle
mm   nn   fla mme   bo nne   chie nne
rr   ss   cou rra   gra sse   ve rre
pp   tt   na ppe   pa tte   ste ppe

Phrases.

La pa tte de la cha tte a tou ché la pâ te—La fo lle rô de à cô té de l'é cho ppe—Ta co tte se dé chi re par le cô té—L'es pion joue un rô le in fâ me—La cha tte a é tran glé le la pin mâ le sur la ma lle—J'a ssis te à la me sse a vec pi é té—Su za nne a do nné un ve rre de vin à l'in co nnu.

EXERCICES RÉCAPITULATIFS ET LETTRES ITALIQUES.

a   e   é   è   i   o   u
eu   ou   —   an   in   on   un
A   E   É   È   I   O   U
EU   OU   —   AN   IN   ON   UN
b c d f g j l m n p r s t v z
B C D F G J L M N P R S T V Z
ch   gn   ill   x   —   CH   GN   ILL   X

Mots.

Sou ffran te - Be ffroi - a cca blé se me lle - pru nelle - per sie nne - go mme - E tienne - te rre - me sse - a dre sse - e rreur - te rri ble - An toi ne tte - I do lâ tre - a pô tre - pré tre - cloî tre - O reb - a men - sub jonc tif - es car po le tte - Sem - Jo ram - cons pi ra teur - ver tu - ex ter mi né - fief - psal mo di e - stric te - des truc teur - ob te nir.

Phrases.

J'a chè te une pê che — La voi tu re mon te la côte — Où va la fou le — D'où s'é cou le le vin — Un pâ le fan tô me a pa ru à ma vu e — Si ton frè re pè che, ca che son pé ché — Le pâ tre a cou pé u ne bran che de frêne — Do nne à l'in for tu né la dî me de ton re ve nu — D'où a rri ve le ro ssi gnol — Il ni che là — U ne é to nnan te nou ve lle a par cou ru la vi lle — La so mme o ffer te par le dé bi teur l'a a ffran chi de sa de tte — La ca ba ne du cha sseur a la for me d'un cô ne — J'ô te ma bo tte e lle m'a ble ssé.

MÉTHODE DE LECTURE ET DE PRONONCIATION, PAR L.-C. MICHEL,

9ᵉ TABLEAU.   *Approuvée par l'Université.*   3ᵉ CLASSE.

1ʳᵉ LEÇON.

C a pour équivalents **qu - k - ch**

Mots.

C devant { *a o u* ca non co con cu ré
an on un can ton con te cha cun }

qu devant { *e é è i* pi que a tta qué qui tté
eu in li queur quin ze quin tal }

k { dans quelques mots étrangers } mo ka kios que ki lo mè tre
ch { } li chen bra chi al or ches tre

Phrases.

Le ca nif cou pe — L'é pin gle pi que — Re mar que le co quin qui a es cro qué l'é cu du cul ti va teur — Quel tris te spec ta cle qu'un frè re cru el qui a tta qué son frè re — Un ton mo queur pro vo que la que re lle — Le pou voir ar chi é pis co pal a ex co mmu ni é le cou pa ble — La jon que me con dui ra de Can ton à Pé kin — L'or ches tre jou e ra l'ou ver tu re de la Ca ra va ne.

2ᵉ LEÇON.

G a pour équivalent **gu**

Mots.

G devant { *a o u* gar de go mme con ti gu
an on ou gar dé dra gon gou tte }

gu devant { *e é è* dro gue gué ri te guè re
i eu in gui de lan gueur san guin }

Phrases.

Le dra gon gar de la gué ri te — Goû te la fi gue que ta gou ver nan te a gar dé e pour toi — Le pi lo te gui de sur le gol fe l'é lé gan te ga lè re — Di mi nu e la lon gueur de la guir lan de — Le re mè de gué ri ra le ma la de de sa lan gueur — La gue rre ne lan gui ra guè re — La sa ri gue re dou te la gueu le du ti gre — An ti go ne a gui dé son pè re a veu gle — U ne gou tte de gou dron a ta ché ma ro be de guin gans.

3ᵉ LEÇON.

J a pour équivalents **g - ge**

Mots.

J devant { *a o u* jar gon jou jou ju ju be
g devant { *e é è i* ge nou gé ni e gi vre
ge devant { *a o u* o ran gea de pi geon ga geu re

Phrases.

Vo tre jo li e chan son a brè ge la lon gueur du che min — J'é vi te un lan ga ge guin dé — Je re co mman de à mon jeu ne a mi la so bri é té — Le gé né ral a ga gné la ga geu re — Il a jou é un jeu d'é tour di — Qu'il a é té un gui de sa ge l'an ge con duc teur du jeu ne To bi e — Geor ge chan gea de ca ge son pi geon — Le re quin a ero qué l'es tur geon — L'ou ra gan a dé gar ni le chê ne de son feu illa ge — La gi ra fe a gé mi de voir sa man geoi re vi de — Dieu te ju ge ra.

EXERCICES RÉCAPITULATIFS.

La rou e a cho qué la bor ne du quin ziè me ki lo mè tre — L'or ga nis te a par cou ru tou te la ga mme de l'or gue — L'A mé ri que a dû à Fran klin la con quê te de sa li ber té — L'é la ga ge dé li vre l'ar bre du bran cha ge qui le gê ne — Le ca non a trou é la co que de l'es quif — Le dro guis te a a che té de la go mme a ra bi que — Le ca fé mo ka a u ne qua li té su pé rieu re — L'o ra ge a ra va gé l'o ran ge rie — Dieu char gea l'ar chan ge ar mé d'u ne é pé e de feu de se te nir à la por te du jar din — Re gar de ma ca va le qui ga lo pe — Gar de pour toi mon jo li jou jou — J'ad mi re le kios que qui or ne le parc de Tri a non.

MÉTHODE DE LECTURE ET DE PRONONCIATION, PAR L.-C. MICHEL,
Approuvée par l'Université.

4ᵉ LEÇON.

Z a pour équivalent **s**

Z   zè le bron ze zo di a que Bo oz
s   entre deux voyelles   ru se   poi son   ég li se   ro se

F a pour équivalent **ph**

f   fou le   fa ble   fi gue   con fi tu re
ph   pro phè te   Phi li ppe   phos pho re

Phrases.

Le sté no gra phe a pu é cri re le ser mon à me su re que le pré di ca teur l'a dé bi té — Le phi lo so phe re cher che la vé ri té — La fê te a é té trou blé e par la pa ro le du pro phè te — Le na vi re se di ri ge à la lu eur du pha re — La brû lu re du phos pho re o cca sio nne u ne vi ve dou leur — On ex ploi te ra u ne mi ne d'as phal te — É vi te la fou le — Lou i se dé si re u ne ro se — Jo seph li ra u ne phra se.

5ᵉ LEÇON.

S a pour équivalents **ss - c - ç - t**

Mots.

S devant toutes les voyelles   sa bre   sé ve   sor tir   sa veur
ss entre deux voyelles   ta sse   boi sson   ca ssa   sa ge sse
c e é è i   ci ca tri ce   cé ci té   cè dre
ç devant a o u   pla ça   ma çon   re çu   per çu
   ia ie   mar tia l   pro phé tie   i ner tie
t iel ion   par tiel   ac tion   por tion

Phrases.

La na ce lle ra se la sur fa ce a zu ré e du lac que ri de le sou ffle du zé phi re — Le ma çon a e ffa cé l'ins crip tion sur la fa ça de de l'é di fi ce — Ce tte ci ca tri ce d'u ne ble ssu re re çu e en fa ce de l'e nne mi a jou te à la di gni té de la fi gu re mar tia le de ce gé né ral — La pro phé tie de Da ni el a a nnon cé la ve nu e du Me ssi e — Lu ci e ca ssa la ta sse — La fou dre a bri sé le cè dre.

6ᵉ LEÇON.

É a pour équivalents **er - ez**

Mots.

é   dé   bon té   vé ri té   a mé ni té
er co cher   o ran ger   man ger   a cier
ez nez   a ssez   li sez   si gnez   a llez

Phrases.

Le ber ger a dé ro bé u ne poi re sur le poi rier du ver ger — L'o ran ger fleu ri ra le cinq jan vier — Le cui si nier va cher cher du gi bier sur le mar ché — Ve nez chez le pâ ti ssier voi sin pour a che ter vo tre goû ter — Ce ssez de jou er — Pre nez vo tre plu me — É cri vez la le çon — Co rri gez, e ffa cez, a jou tez pour ê tre le pre mier — Me ttez le nez à la fe nê tre — A llez a ppe ler le so mme lier — No tre fer mier a ré col té a ssez de blé.

7ᵉ LEÇON.

È a pour équivalents **es - et - est - ai - ei - e**

Mots.

È   è re   pè re   ma niè re   a chè te
es   les   des   ces   mes   tes   ses
et est pou let   bou quet   pro jet   est
ai   dé lai   e ssai   lai ne   ai gle
ei   rei ne   Sei ne   vei ne   ba lei ne
e devant les doubles consonnes et dans les syllabes consonnantes   na ce lle   a mer   bref

Phrases.

Je cue ille rai ce tte fleur et je la join drai à la mie nne pour en fai re un bou quet — Cet ai gle est ble ssé — Son ai le sai gne et il a pei ne à vo ler — Le mal fai teur traî ne a vec lui u ne chaî ne pe san te — U ne nei ge é pai sse cou vre la plai ne — La ba lei ne est re gar dé e co mme la rei ne de la mer — J'ai é ga ré mon bil bo quet — A ppre nez-moi quel est vo tre maî tre.

MÉTHODE DE LECTURE ET DE PRONONCIATION, PAR L.-C. MICHEL,

11ᵉ TABLEAU.   *Approuvée par l'Université.*   3ᵉ CLASSE.

EXERCICES RÉCAPITULATIFS.

J'é tu di e la sphè re—La fa çon d'a gir de ce tte per so nne dé cè le l'é du ca tion qu'e lle a re çu e—Un roi ma ni fes te sa pui ssan ce par sa sa ge sse, sa jus ti ce et sa mo dé ra tion—Le ca ci que cap tif sol da sa ran çon—A llez a che ter u ne po tion à la phar ma ci e voi si ne—Li sez ce pa pier—Le bou lan ger a be soin du meu nier pour e x er cer sa pro fe ssion—On tra va ille a ssez à é le ver sa for tu ne et peu à cul ti ver son â me—Ce tte par fai te a mi e s'est do nné la pei ne de ve nir me voir—Voi là u ne be lle es pè ce de chie nne—L'É gli se co mman de d'u ne ma niè re ex pre sse d'a ller à la me sse le di man che—Que lle fa ta le nou ve lle a di ssi pé l'i vre sse de no tre joi e.

8ᵉ LEÇON.

O a pour équivalents **au - eau**

Mots.

O   o bo le Po lo gne so lo lo to
au   au da ce au teur fau te tau pe
eau ba teau ca deau rui sseau eau

EU a pour équivalent œu

Mots.

EU   ne veu a veu neu ve veu ve
œu   œu vre vœu ma nœu vre sœur

Phrases.

A l'œu vre ju gez l'ou vri er—É cou tez ô mon Dieu le vœu du pri so nnier—J'ai vu ce ma nœu vre gro ssier mal trai ter ce pau vre bœuf—Le pou let de ta sœur est sor ti d'un œuf—Le Sei gneur é cou te la pri è re et le vœu du pau vre qui sou ffre—Le cha meau a pa ssé l'eau sur un ba teau—O ffre ton cœur au Sei gneur—Le tau reau mar che à la tê te du trou peau—E xau ce la de man de du pau vre—Le bou cher au ra la peau du bœuf—Me ttez le nez au jour—Mon trez un peu la tê te—Ta fau te te cau se ra du cha grin—U ne bran che de lau rier or ne no tre dra peau—Voi ci l'au be d'un jour nou veau.

9ᵉ LEÇON.

I a pour équivalent **y**

Mots.

I   ti ré si gne li re es ti me
y   ty ran cy gne ly re a no ny me

II ont pour équivalent y

Mots.

y   No y er lo y al no y au pa y er
noi ier loi ial noi iau pai ier
e ssu y er ro y au té pa y sanne
e ssui ier roi iau té pai i sa nne

Phrases.

La cru au té du ty ran a li vré au mar ty re la sœur de Paul—Le cy gne ai me l'eau clai re du ba ssin du châ teau—Vo y ez la sy mé tri e de ce jar din—La lo y au té est le mei lleur se cret pour fai re for tu ne—La phy si que ex pli que le mys tè re de la for ma tion de la fou dre—E ssu y ez le co lly re que le mé de cin a a ppli qué sur vo tre pau piè re—La ly re du bar de cé lè bre la beau té de sa ro y a le maî tre sse—No tre cro y an ce est a ppu y é e sur la pa ro le di vi ne—Le ro y au me de Dieu se ra le par ta ge du jus te et du pa ci fi que.

MÉTHODE DE LECTURE ET DE PRONONCIATION, PAR L.-C. MICHEL,

12ᵉ TABLEAU.   *Approuvée par l'Université.*   3ᵉ CLASSE.

10ᵉ LEÇON.

AN a pour équivalents **am - en - em**

Mots.

AN pan ta lon can ti que Fran ce
am lam pe cham bre tam bour
en ven te sen sé ren du en té
em trem ble tem ple em ploi

ON a pour équivalent **om**

Mots.

ON fon tai ne son ge gla çon
om om bre pom pe pro nom

UN a pour équivalent **um**

Mots.

UN un dé funt te au cun cha cun
um par fum hum ble

Phrases.

Ce tte ro se em bau me la cham bre de son par fum — Ren dez té moi gna ge à l'i nno cen ce de vo tre com pa gnon — L'em pe reur s'a van ce au mi lieu de la pom pe de son tri om phe — On dis tri bu e en son nom à cha que com pa gni e u ne ré com pen se é cla tan te — L'en fan ce est su jet te à la fai ble sse et à l'e rreur — La pru den ce con ser ve l'ai san ce.

11ᵉ LEÇON.

IN a pour équivalents **im - ym - ain - aim - ein - yn - en**

Mots.

IN lin In de Pin de de ssin ma lin
im lim be im bu sim ple im po li
ym thym nym phe tym pan sym bo le
ain main pro chain ai rain pa rrain
aim daim e ssaim faim
ein frein de ssein pein tre cein tu re
yn lynx syn dic syn ta xe
en Men tor mo y en ven dé en

Phrases.

La rei ne est im pa tien te d'en ten dre la sym pho ni e de ce mu si cien qui a un nom eu ro pé en — Un plai deur im po li a in te rrom pu le si len ce de l'au di en ce — Le lys est le sym bo le de l'in no cen ce — L'e ssaim pre ssé par la faim bu ti ne le thym et le ser po let — Ce tte sta tu e d'ai rain re pré sen te u ne nym phe au bain — Le cœur de l'im pi e est plein d'in jus ti ce et d'im pu den ce — Mon cou sin a l'in ten tion de me vi si ter de main ma tin si le ciel est se rein.

12ᵉ LEÇON.

Signes d'orthographe, H aspiré, tréma.

Accents.   *Aigu* ´ é té — *grave* ` pè re — *circonflexe* ^ tê te.

Apostrophe.   L'é pi d'or — qu'im por te — s'il par le — j'aime.

Trait d'union.   Arc-en-ciel coq-à-l'âne.

Cédille.   Pla ça fa çon re çu fran çai se.

H ASPIRÉ. TRÉMA.   EXEMPLE.

Ai a hi a ï trai ra tra hi ra ha ï ra
Ain a hin a ïn A fri cain I bra him Ca ïn
Au a hu a ü au tre ca hu te Sa ül
Oi o hi o ï moi re pro hi be Mo ï se
Ou o hu o ü cou le co hu e A che lo üs
Gue guë fi gue ci guë

Phrases.

Le bon é co lier ha ï ra le men son ge — É sa ü i mi te la hai ne de Ca in — L'ar mé e tra hi e par son chef a mon tré un cou ra ge hé ro ï que — Vo tre a ï eul a su ppor té a vec cal me u ne dou leur ai guë et lon gue — La co hu e me pre sse con tre la rou e — La biè re est fai te a vec le hou blon — Le bû che ron a a ba ttu le hê tre a vec sa ha che — Qu'est de ve nu vo tre ca hier — Qu'a-t-il pen sé — A-t-elle pleu ré — D'où ti re-t-il ce por te-plu me.

MÉTHODE DE LECTURE ET DE PRONONCIATION, PAR L.-C. MICHEL,
Approuvée par l'Université.

13ᵉ TABLEAU.   4ᵉ CLASSE.

1ʳᵉ et 2ᵉ LEÇONS.
PRINCIPES ET EXERCICES SUR LA FORMATION DES SYLLABES.
I. SYLLABES TERMINÉES PAR UNE VOYELLE.

PRINCIPE. La voyelle s'unit à la consonne qui précède et non à celle qui suit. (Voir les exceptions dans la leçon suivante.)

1° Voyelles simples précédées d'une consonne.

Modèles. Pi lo te, ba di na ge, fi gu re, co lo ré, sa li ve, to pa ze, va li de, ri xe.

Exercices. Solitude, mélèze, vipère, capitale, devine, remise, cerise, sûreté.

2° Voyelles initiales et isolées.

OBSERVATIONS. 1° La voyelle simple qui commence un mot ou qui, dans le corps d'un mot, est précédée d'une voyelle, reste isolée et forme à elle seule une syllabe.

A mie, i o de, a é ré, o ra ge, ré u ni e, O ré a de, dé i ci de, ré i té ré.

Iota, édifié, étiolé, opéra, géodésie, dédié, reliera, réalité, renia.

3° Voyelles composées (primitives, équivalentes ou nasales), voyelles muettes.

2° Les voyelles composées, ainsi que les voyelles muettes ou nulles, forment un tout inséparable et appartiennent toujours à la même syllabe. Les lettres m et n, combinées avec une voyelle, ne forment une syllabe nasale qu'à la fin des mots ou quand elles sont suivies d'une consonne.

Jeu ne, rou te, rou ille, — fau te, pei gne, sou dai ne, — pi geon, cha peau, na geoi re, — din don, en can, lim be, li me, ca non, can ton, a né mo ne, i nu ti le, un, u ne, can ti ne, bi no me.

Courageuse, taupe, enceinte, rancune, bougie, enjeu, feuille, mouillée, beauté, reine, maintenu, jugea, dégaîné, paire.

4° Voyelles diphthongues.

3° Les voyelles diphthongues sont inséparables; l'y, tenant la place de deux i, se partage entre les deux syllabes.

Hui lier, voi le, é tui, pi tié, é toi le, tiè de, re lui re, fio le, juin, pié ge, join te, cham pion, joy au, pay san, en voy é, moy en (*prononcez et syllabez*) joi-iau, pai-i-san, en voi-ié, moi-ien.

Royauté, amitié, toile, tuile, fuite, jointure, le mien, rien, viande, loyauté.

5° Tréma, h aspiré.

4° Le tréma et le h aspiré font prononcer séparément les voyelles sur lesquelles ou entre lesquelles ils se trouvent.

Tra hi son, ai gu ë, Ca ïn, Mo ï se, Za ï re, co hu e, en va hi, pro hi bé.

Héloïse, cahute, faute, Saül, Paul, ligue, cigüe, naïveté, stoïque, toile, Zoïle.

3ᵉ et 4ᵉ LEÇONS.
II. SYLLABES TERMINÉES PAR UNE CONSONNE.—SYLLABES CONSONNANTES.

La consonne ou les consonnes finales s'unissent à la voyelle qui précède et forment avec elle une syllabe consonnante.

Dans le corps des mots, s'il se rencontre deux consonnes consécutives (non composées, non doubles, non diphthongues, non muettes), la première s'unit à la voyelle qui précède, pour former avec elle une syllabe consonnante, et la seconde s'unit à la voyelle qui suit.

Modèles. Mar tyr, col por teur, fis cal, rup tu re, so leil, in tem pes tif, ca mail.

Exercices. Observateur, exporté, animal, instinctif, portail, cerfeuil, fenouil, colporteur, respirer, abdominal.

OBSERVATIONS SUR LA MANIÈRE DE SYLLABER LES CONSONNES.

OBSERVATION. Les consonnes composées, diphthongues ou muettes, restent inséparables et appartiennent à la même syllabe, ainsi que les consonnes doubles. Dans les mots où la double consonne se prononce, chaque consonne se sépare et appartient, par exception, à une syllabe différente.

1° Consonnes composées.—2° Équivalents.

Pei gne, mou che, Cham pa gne, pa ille, di gni té, phi lo so phe, co qui lle, cho qué.

Cognée, caché, règne, feuille, chaleur, maille, euphonie, champignon, débouché, paragraphe, magnifique, rechigné.

3° Consonnes doubles.

O ccu pé, bon ne ga mme, bo tte, vi lle, é to ffe, na ppe, im mense, i rri té, en ne mi, voy e lle, an cie nne (*syllabez*) èn-ne mi, an ciè nne, voi-iè lle.

Opposé, gamme, butte, abbesse, mille, hommage, chienne, innocente, rebelle.

4° Consonnes diphthongues.

Dé plai sir, poi tri ne, dé cré pi tu de, cri ble, dé trac teur, dia phrag me, Christ, pneu mo ni e, psau me, strict, sus pect.

Souffrance, redouble, inexprimable, destruction, instinctif, traction, extraire, descriptif, instrumental, défrichement.

5° Consonnes muettes.

L'ho mme, promp ti tu de, syn thè se, ils ai maient, les rangs se vi dent, les champs se peu plent, le doig té.

Septième, un puits, ils aimèrent, les amis, le doigt, le sang, second, il dompta, ils racontent, le vingtième, deux faubourgs, les vertus chrétiennes, ils arrivent tard.

MÉTHODE DE LECTURE ET DE PRONONCIATION, PAR L.-C. MICHEL,

14ᵉ TABLEAU.   *Approuvée par l'Université.*   4ᵉ CLASSE.

EXERCICES RÉCAPITULATIFS
Sur les quatre leçons précédentes.

Pagode, jujube, Zozyme, Cocyte, édile, délibère, voracité, ridicule, canalisera, gaze, vanité, vélocipède, démoralisé, — période, économie, féodalité, béatitude, géorama, Éléazar, poésie, déifié, Uranie, variété, supériorité, aliéné, solidifié, — engagea, amazone, abîme, campé, monotone, tontine, corymbe, sain, saine, sainte, pain, peine, peinte, considération, cône, jambe, animé, pantomime, imbu, —dilatoire, la tuile, la pièce, le royaume, joyeuse, rayée, fuyante, étayée, lampion, laitière, tuyau, voyage,—contiguë, ligue, ambiguïté, prohibé, ahuri, bègue, abbaye, besaiguë, cahin, caha,—Auteuil, vermeil, silex, induction, articulation, pourtour, lecture, respirer, suspensif, parcourir.

Recteur, expurgé, abdominal, surveiller, objecté, systématisé, miroir, inspecteur, tierce, pourvoyeur, layetier,—sécheresse, mouille, dédaigne, coqueluche, quinze, défaillance, compagnonnage, quiconque, quinine,—ordonnance, affranchissement, consommation, impossible, fourchette, donner, accusé, citoyenne, paysanne, escarcelle, accapareur, essayée, essuyer, — privilége, exploitation, Euphrosine, transcription, cramoisi, gruyère, bleuet, bruyante, diablerie, fruitière, Psyché, structure, strié, rapt, spirituel, contact, scarabée, spatule, Ptolémée, sténographe, pseudonyme, stratifié, pneumatique, stigmatiser, psalmodier, pragmatique, inscription, — tabac, mécompte, accroc, nez, théocratie, thésauriser, le sort, ils dormaient, plusieurs, les corps, les étangs, les symphonies nous charmaient.

5ᵉ LEÇON.
LIAISON DES MOTS.

I. LIAISON PAR LE TRAIT D'UNION.

Que dit-elle ?   Aime-t-on le méchant ?
Fait-il son devoir ?   Pense-t-il à Dieu ?
Allez-vous-en.   Revenez-y.

II. LIAISON DES CONSONNES SONNANTES.

B Jacob aimait prononcez Jaco-b-aimait
C Un roc élevé   Un ro-c-élevé
F Un œuf à la coque   Un œu-f-à la coque
L Un bel homme   Un bè-l-homme.
R Un char à bancs   Un cha-r-à bancs
M Balaam entendit   Balaa-m-entendit
N Examen improvisé   Examè-n-improvisé

Les consonnes sonnantes b, c, f, l, r, m, n, se lient au mot qui suit, quand il commence par une voyelle ou un h muet.

III. LIAISON DES CONSONNES MUETTES.

Quelques consonnes muettes, et spécialement t et r, deviennent souvent sonnantes à la fin des mots, quand le mot suivant commence par une voyelle ou un h muet, et lorsque ce mot est intimement uni par le sens au mot qui précède (1).

Enfant ingrat prononcez Enfan-t-ingrat
Il est (2) heureux   Ils dorment-en paix
Du riz-au lait   Il a sagement-agi
Il est trop-avare   Il a beaucoup-appris
Marcher-à tâtons   Aller-en voiture
Un savant-auteur   Un petit-homme

Jérusalem est déchue   Un cheval ombrageux
Jacob eut douze fils   Un bloc informe
Courir au feu   Malheur aux vaincus
Une nef élevée   Devoir un service
Assister un pauvre   Parler avec esprit
Un rôt cuit à point   Renoncez au jeu
Mettez le nez à l'air Tout est dit
Il était en eau   Un cap élevé
Un doux espoir   Un lis en fleur

(1) Ainsi la liaison a lieu entre l'adjectif immédiatement suivi du substantif, entre l'adverbe suivi du verbe, entre les articles, les pronoms, les prépositions immédiatement suivies de leur complément. (Voir les explications dans le *Guide du Maître.*)

(2) T reste toujours muet dans le mot *et* : exemple : bon *et* aimable.

MÉTHODE DE LECTURE ET DE PRONONCIATION, PAR L.-C. MICHEL,

15ᵉ TABLEAU.   *Approuvée par l'Université.*   4ᵉ CLASSE.

6ᵉ LEÇON.

IV. CHANGEMENT DE SON DES CONSONNES DANS LA LIAISON.

Dans la liaison on change :   prononcez

d en *t*	Grand homme	Gran-t-homme
g en *c*	Sang auguste	San-c-auguste
x en *z*	Voix agréable	Voi-z-agréable
s en *z*	Un gris obscur	Un gri-z-obscur
f en *v*	Neuf hommes	Neu-v-hommes
ct en *c*	Respect humain	Respe-c-humain
rt en *r*	Sort injuste	Sor-t-injuste
rd en *r*	Regard effrayant	Rega-r-effrayant
ls en *s*	Des sourcils épais	Des sourci-s-épais

Dans la plupart des syllabes terminées en *ct*, *rt*, *rt*, *rd*, la dernière consonne reste muette, et c'est l'avant-dernière qui se lie à la voyelle suivante.

EXERCICES.

Un froid aigu	De fond en comble
Quand on est sage	Il attend un ami
Bourg en Bresse	Suer sang et eau
Des chevaux effrayés	Ils écoutent peu
Un prix infini	Allons-nous-en
Ils aiment à rire	Des fils ingrats
Un instinct admirable	Un aspect horrible
Une mort inévitable	Un hasard heureux
Il court à sa perte	Il mord avec rage
Un rang obscur	Un joug étranger
Il est sourd à l'appel	Un long espoir
Il est six heures	En paix et en guerre
Un effort impuissant	Il perd à tout coup

V. SUPPRESSION DE L'E MUET DANS LA LIAISON.

Au lieu de :   *On écrit :*

La intelligence	L'intelligence
Que avez-vous?	Qu'avez-vous?
Conseil de ami	Conseil d'ami
Si il veut venir	S'il veut venir

On écrit :   *On prononce :*

Une plaie incurable	Une plai incurable
Tendre ami	Tendr ami
Vive intelligence	Viv intelligence
Une âme en peine	U n âm en peine
Chaque âge	Chaqu âge
Une longue attente	Une longu attente
Une épingle en or	U n épingl en or

7ᵉ LEÇON.

VI. LIAISON DES NASALES.

Liez :   *Ne liez pas :*

En ami fidèle	Donnez-m'en un
Matin et soir	Un raisin aigre
Un malin enfant	Fin et fourbe.
Il est bien instruit	Le bien et le mal
On est heureux	Un gazon épais
D'un commun accord	Un poil brun et rude

VII. CHANGEMENT DE SON DANS LA LIAISON DES NASALES.

On prononce :   *Comme dans :*

Un bo n ami	Une *bonne* amie
Cultive to n âme	Il *tonne* en juin
So n heure arrivera	Il *sonne* la cloche
Vous êtes mo n hôte	Un son *monotone*
U n heureux hasard	*Une* heureuse fille
C'est u n autre homme	La *lune* est levée

EXERCICES.

Liez :   *Ne liez pas :*

Monter à cheval	Monter haut (pr. monté haut)
Avancer à tâtons	Avancer hardiment
Avec humeur	Avec colère
Avec espoir	Avec confiance } (pr. avè)
Sans honneur	Sans honte
Il est trop habile	Il est trop hautain
Tous les hommes	Dans les hameaux
Trop habiter la ville	Trop hanter les méchants
Ils herborisaient	Ils haranguaient
Une parole hypocrite	Une parole hardie
Ils ont hérité	Ils se sont hasardés
Dans cinq hôpitaux	Posséder cinq haches
Glisser sur les ondes	Sur les onze heures
Un franc étourdi	Un air franc et ouvert
Un malin enfant	Un raisin aigre
Un bon esprit	Un enfant bon et sage
Un sot avis	Il est sot et entêté
Il a beaucoup étudié	Savoir beaucoup et bien
Les hommes, les arbres	Laissez-les en repos
Vous semblez habiles	Vous semblez honteux

MÉTHODE DE LECTURE ET DE PRONONCIATION, PAR L.-C. MICHEL,

16ᵉ TABLEAU. *Approuvée par l'Université.* 4ᵉ CLASSE.

8ᵉ LEÇON.

SIGNES DE PONCTUATION.

, *virgule.* La douceur, la complaisance, la politesse, nous font aimer de tout le monde.

; *point-virgule.* Dieu est bon, indulgent, miséricordieux; mais il est juste

: *deux points.* Jésus-Christ nous a dit : Vous n'aimerez pas seulement ceux qui vous font du bien; vous aimerez aussi ceux qui vous font du mal.

. *le point.* Adore Dieu. Respecte ton père et ta mère. Aime ton prochain. Fais pour les autres ce que tu voudrais que les autres fissent pour toi.

? *point d'interrogation.* A quoi nous servira de gagner beaucoup d'argent si nous perdons notre âme? Que faites-vous? Comment se porte votre mère?

! *point d'exclamation.* Que Dieu est puissant ! Que ses œuvres sont belles! Oh ! la bonne nouvelle!

( ) « » *parenthèses, guillemets.* Un de nos rois (Jean-le-Bon) a dit cette parole remarquable : « Quand même la bonne foi serait bannie du reste de la terre, on devrait la retrouver dans le cœur et dans la bouche des rois. »

9 LEÇON.

EXERCICES SUR LES LIAISONS.

SYLLABES NASALES QUI NE SE LIENT PAS.

Doit-on oublier ceux qui nous ont rendu service? — Mettez un frein à vos passions, si vous voulez conserver votre cœur serein et calme. — Travaillez avec soin à vous instruire, mais ne vous montrez pas vain et fier de votre science. — Faites régner entre vous l'union et la concorde. — Ces halles ont été construites au bout d'un an et un jour d'après le plan adopté. — Ma sœur a attaché ce matin au cou de son mouton un ruban et une sonnette. — Vous avez deux pains : donnez-en un à l'indigent. — Je veux apprendre à supporter la faim et la soif, le chaud et le froid. — Le thym a attiré au jardin un essaim entier. — C'est Dieu qui a donné son parfum à la fleur et sa saveur au fruit. — Voilà de beaux hochets : donnez-m'en un.

SYLLABES NASALES QUI SE LIENT.

Le juste qu'on opprime met son espoir en Dieu. — J'ai reçu ce bon avis d'un ancien ami. — Attendre du hasard le succès d'une entreprise, c'est se bercer d'un vain espoir. — La fortune dont on est si fier peut nous être enlevée en un instant. — Le soleil est souvent très-ardent en plein hiver, en Italie, en Espagne et en Afrique. — Parmi ces habitations, il en est une que je préfère de beaucoup à toutes les autres.

10ᵉ LEÇON.

EXERCICES SUR LES LIAISONS (suite).

Abraham et Isaac obéirent à Dieu. Job offre à nos yeux un admirable modèle de résignation et de patience. Le soc entre profondément dans la terre dont il féconde le sein en le déchirant. Soyez bref et simple dans votre langage. Cet écolier est un franc étourdi. Cet important ouvrage me prend un temps incalculable, et durera l'hiver entier.

Un ennemi sage est moins à craindre qu'un sot ami. Quiconque a beaucoup observé peut avoir beaucoup appris. Il faut se prêter aux circonstances et se montrer envers autrui prévenant et obligeant. Cultive ton âme et ton esprit par la lecture des bons auteurs. Se montrer inhumain envers les animaux, c'est se ravaler au-dessous d'eux. Quel hasard heureux ou quel événement imprévu vous a ramenés auprès de nous? L'espion se rend suspect à ceux mêmes qui l'emploient et s'expose à une mort infâme. Parcourez la France du Nord au Midi, du Levant au Couchant, partout vous trouverez un peuple actif, généreux et intelligent. Le champ de bataille présentait un aspect horrible. On aime les hommes d'un abord agréable. Quel accord harmonieux se fait entendre !

Beaucoup observer et peu parler, c'est le secret de bien apprendre.

MÉTHODE DE LECTURE ET DE PRONONCIATION, PAR L.-C. MICHEL,

17ᵉ TABLEAU.   *Approuvée par l'Université.*   4ᵉ CLASSE.

Lecture et prononciation du Latin.—*Principes*.

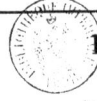

I.
Principes généraux.

Sede, vetus, lupas, petit, decet, piger, terra.
Prononcez : Sédé, vétusse, lupasse, pétite, décète, pijèrre, tèrra.

RÈGLE. 1° Les consonnes finales ne sont jamais muettes en latin.
2° L'e prend le son de l'è ouvert dans les syllabes consonnantes et devant une double consonne. Il prend le son de l'é fermé partout ailleurs.

an, in, en, am, im, em.
Prononcez : ane, ine, ènne, ame, ime, èmme.

musam, tibicen, clavim, mentem.
Prononcez : musame, tibicènne, clavime, mentèmme.

RÈGLE. Les syllabes finales ne sont jamais nasales, mais toujours consonnantes.

Cainus, meis, heroibus, pileus, Diei.
Prononcez : Caïnusse, méisse, héroïbusse, piléusse, Diéi.

RÈGLE. Les voyelles qui se suivent ne forment jamais de diphthongue comme en français, à l'exception de AU qui équivaut à o, *paulus, auctor*.

illustratio, immergo, innumeri, irrigatio, addere.
Prononcez, en faisant entendre la double consonne : il-lustratio, etc.

RÈGLE : Les consonnes doubles se font toujours sentir dans la prononciation.

II.
Caractère et prononciation de chaque lettre.

1° VOYELLES.

A (1)	= *A*	avaritia, alma, ala, barbara, calcar, animal.
E	= *É*	pede, me, te, se, lege, tene, sede, felice.
Éq. {æ œ	= *é*	musæ, ætas, rosæ, ædes, terræ, mensæ. mœnia, mœror, cœlo, cœna, œnopola.
E	= *È*	herba, pater, estis, errare, terreo, pelvis.
Éq. æ œ	= *e*	æstivus, æs, æstas, æstuans, mæstitia.
I	= *I*	mihi, distinctus, fidei, tibi, virtus, rosis.
Éq. y	= *i*	Tityrus, lyra, satyros, myrtus, pyralis.
O	= *O*	ordo, toros, polo, nostros, omnibus.
Éq. au	= *ó*	ausculto, causa, auster, caupo, auctor.
U	= *U*	virtutibus, tu, fructu, eburneus, fulvus.
AN, AM	= *AN*	ante, ambo, campus, errans, cantantes.
IN, IM	= *IN*	infindit, imperans, cinctus, imbutus, impius.
Éq. en, em	= *in*	calendas, lentus, videns, emptus, tempora.
ON, OM	= *On*	pondus, condere, promptus, fons, bombix.
Éq. un, um	= *on*	unda, umbra, ludunt, undecim, ungunt.

Observations sur quelques voyelles.

E. Il n'y a pas d'*e* muet en latin. E se prononce tantôt comme notre *é* fermé, été, et a alors pour équivalents *æ, œ*, tantôt comme *è* ouvert, dans les syllabes consonnantes ou lorsqu'il est suivi d'une double consonne comme dans : *terre, perte, amer; terra, pater, vestis*, prononcez comme dans : terre, paternel, veste.

U. Se prononce comme o devant m final, *suum, dominum, bonum, verum*, prononcez : suomme, dominomme, bonomme, veromme.

EU. Forme une voyelle composée seulement au commencement des mots *euge, Europa* : il forme dissyllabe dans les finales *deus, reus, idoneus*, prononcez déusse, etc.

(1) A = *A* signifie que A en latin se prononce comme l'a en français, etc.

OU. Cette voyelle n'existe pas en latin. Elle était remplacée par l'*u* que les Latins prononçaient *ou*, et que les Français prononcent *u* comme dans *écu*. Seulement *u* suivi de *a* et précédé de *q* ou de *g* se prononce *ou, qua, quarum, quantum, lingua*, prononcez coua, etc.

EN. *en* équivalent de *in*, ne se prononce jamais *an* en latin.

UN. Le son *un*, équivalent de notre son *un* dans *chacun*, est fort rare en latin et ne se trouve que dans quelques mots, où encore il se rapproche un peu du son on, *nunc, tunc*.

2° CONSONNES.

Les consonnes, à peu d'exceptions près contenues dans les observations suivantes, ont le même son que les consonnes françaises équivalentes.
Abduco, Delphinus, gurgite, luminaria, voragine, zonas, hominibus, anxius, kalendas, furfure, calce, cicuta, cœlum, sensus, læsus, casa, passus, fessa.

Observations sur quelques consonnes.

QU = *C*	Devant *o, u, quo, quum, equus, quondam*, prononcez sans faire sentir l'u, co, cum, condam, etc.
QU = *CU*	devant *e, æ, i, que, queo, quæ, quædam, qui, quibus*, prononcez en faisant sentir l'u, cué, cui, etc.
QU = *COU*	devant *a, qua, quando, aqua*, prononcez coua, couando, acoua, etc.
S = *Z*	entre deux voyelles, *cæsus, fisus, casa, Æsopus*.
C = *S*	devant *e, æ, œ, i, in, en, processit, cecidit, accensus, vaccæ, cœna, cœlum, scindo*.
T = *S*	devant *i* suivi d'une autre voyelle, *pueritia, tentatio, Curtius, initium, sapientia*.
	REMARQUE : Si le *t* est précédé de *s* ou de *x* ou s'il est suivi d'un *h*, il conserve le son du *t* comme en français, *bestia, quæstio, mixtio, istius, Mathias, Sextius*. Les consonnes composées *ch, gn, ill*, comme dans *mouche, peigne, fouille*, n'ont pas d'analogues en latin.
CH = *K*	*chorus, chorda, chymæra, chelys, charta, anchora, chlamys, chelidon, Anchises*, prononcez : korus, etc.
GN	Forme une dipthongue consonne où le *g* conserve le son qu'il a devant *a, o, u, cognosco, agnus, lignum*, prononcez : coguenosco, etc.
ILL	Ne prend jamais le son mouillé et fait entendre le double *ll, illecebræ, millia, tranquillus*, prononcez il-lecebræ, etc.
H	Le *h* est toujours nul en latin : *anchora, trahit, homo*.
S	Le *s* au commencement des mots devant *c* suivi de *e* ou de *i* est aussi nul en latin : *scelus, scena, scilicet, scientia*.

EXERCICES.

Benè, facere, bonæ, lætè (1), mœnia, quærere, pœnæ, cœna cœtus, cœlum, terra, esse, bellum, errare, mel, pecten, cespite, tegmine.—Donum, sum, regnum, terrarum, vobiscum, bibunt, condunt, punctio, jungunt, jugum, plumbum.—Centum, mendax, docent, sententia, dentium.—Illa, ille, illud, ancilla, illicò, mille, villicus.—Charta, chaldæa, chelys, Christus, chrysalis, pulcher, pulchra, pulchrum.—Lignum, agnus, ignarus, signum.—Quùm, quoties, requies, linquens, quæ, antiquæ.—Quà, quamvis, quandò, quadraginta, quæcunque, nunquàm, lingua, linguam.—Nuptiæ, patiens, quæstiuncula, stultitia.—Thesaurus, schola, sceleratum, scandalum, pigritia, cognosco, inscius.

(1) Les accents grave ou circonflexe employés par les Français dans l'orthographe latine ne sont que des signes de convention, et ne changent jamais la prononciation ordinaire de la voyelle sur laquelle ils se trouvent.

MÉTHODE DE LECTURE ET DE PRONONCIATION, PAR L.-C. MICHEL,

18ᵉ TABLEAU. *Approuvée par l'Université.* 4ᵉ CLASSE.

Lecture et prononciation du Latin.—*Exercices.*

PRIÈRES.

CREDO (*Symbole des Apôtres*).

Credo in Deum, Patrem omnipotentem, creatorem cœli et terræ, et in Jesum Christum, Filium ejus unicum Dominum nostrum, qui conceptus est de Spiritu sancto, natus ex Mariâ Virgine, passus sub Pontio Pilato, crucifixus, mortuus et sepultus ; descendit ad inferos, tertiâ die resurrexit à mortuis ; ascendit ad cœlos ; sedet ad dexteram Dei Patris omnipotentis : indè venturus est judicare vivos et mortuos.
Credo in Spiritum Sanctum, sanctam Ecclesiam Catholicam, sanctorum communionem, remissionem peccatorum, carnis resurrectionem, vitam æternam. Amen.

PATER NOSTER (*Oraison dominicale*).

Pater noster, qui es in cœlis, sanctificetur nomen tuum ; adveniat regnum tuum ; fiat voluntas tua, sicut in cœlo et in terrâ. Panem nostrum quotidianum da nobis hodiè ; et dimitte nobis debita nostra, sicut et nos dimittimus debitoribus nostris ; et ne nos inducas in tentationem ; sed libera nos à malo. Amen.

AVE MARIA (*Salutation angélique*).

Ave Maria, gratiâ plena ; Dominus tecum : benedicta tu in mulieribus, et benedictus fructus ventris tui, Jesus.
Sancta Maria, Mater Dei, ora pro nobis peccatoribus, nunc et in horâ mortis nostræ. Amen.

CONFITEOR (*Confession des péchés*).

Confiteor Deo omnipotenti, beatæ Mariæ semper Virgini, beato Michaeli Archangelo, beato Joanni Baptistæ, sanctis Apostolis Petro et Paulo, omnibus sanctis (et tibi, pater) quia peccavi nimis cogitatione, verbo et opere : meâ culpâ, meâ culpâ, meâ maximâ culpâ. Ideò precor beatam Mariam semper Virginem, beatum Michaelem Archangelum, beatum Joannem Baptistam, sanctos Apostolos Petrum et Paulum, omnes sanctos (et te, pater), orare pro me ad Dominum Deum nostrum.
Misereatur nostrî omnipotens Deus, et dimissis peccatis nostris, perducat nos ad vitam æternam. Amen.
Indulgentiam, absolutionem et remissionem peccatorum nostrorum tribuat nobis omnipotens et misericors Dominus.

VENI, SANCTE SPIRITUS (*Prière avant l'étude*).

Veni, Sancte Spiritus, reple tuorum corda fidelium, et tui amoris in eis ignem accende.
Emitte spiritum tuum, et creabuntur.
Et renovabis faciem terræ.

OREMUS (*Oraison*).

Deus, qui corda fidelium Sancti Spiritûs illustratione docuisti, da nobis in eodem Spiritu recta sapere et de ejus semper consolatione gaudere. Per Christum Dominum nostrum. Amen.

BENEDICITE (*Prière avant le repas*).

Benedicite : Dominus. Nos et ea quæ sumus sumpturi benedicat dextera Christi. Amen.

DEO GRATIAS (*Actions de grâce après le repas*).

Agimus tibi gratias, omnipotens Deus, pro omnibus beneficiis tuis, qui vivis et regnas per omnia secula seculorum. Amen.

GLORIA IN EXCELSIS (*Gloire à Dieu*).

Gloria in excelsis Deo, et in terrâ pax hominibus bonæ voluntatis. Laudamus te. Benedicimus te. Adoramus te. Glorificamus te. Gratias agimus tibi, propter magnam gloriam tuam, Domine Deus, rex cœlestis, pater omnipotens ; Domine, Fili unigenite, Jesu Christe ; Domine Deus, Agnus Dei, Filius patris : qui tollis peccata mundi, miserere nobis. Qui tollis peccata mundi, suscipe deprecationem nostram. Qui sedes ad dexteram Patris, miserere nobis. Quoniam tu solus Sanctus, tu solus Dominus, tu solus Altissimus, Jesu Christe, cum Sancto Spiritu, in gloriâ Dei Patris. Amen.

Préface de l'Avent.

Verè dignum et justum est, æquum et salutare, nos tibi semper et ubique gratias agere, Domine sancte, Pater omnipotens, æterne Deus, per Christum Dominum nostrum : quem perdito hominum generi Salvatorem misericors et fidelis promisisti ; cujus veritas instrueret inscios, sanctitas justificaret impios, virtus adjuvaret infirmos. Dùm ergò propè est ut veniat quem missurus es, et dies effulget liberationis nostræ, in hâc promissionum tuarum fide, piis gaudiis exultamus. Et ideò cum Angelis, Thronis et Dominationibus, cumque omni militiâ cœlestis exercitûs, hymnum gloriæ tuæ canimus, sine fine dicentes :
Sanctus, Sanctus, Sanctus Dominus, Deus sabaoth. Pleni sunt cœli et terra gloriâ tuâ : Hosanna in excelsis. Benedictus qui venit in nomine Domini : Hosanna in excelsis.

EVANGELIUM SECUNDUM JOANNEM (*Evangile selon saint Jean*).

In principio erat Verbum, et Verbum erat apud Deum, et Deus erat Verbum. Hoc erat in principio apud Deum. Omnia per ipsum facta sunt ; et sine ipso factum est nihil quod factum est. In ipso vita erat, et vita erat lux hominum ; et lux in tenebris lucet, et tenebræ eam non comprehenderunt. Fuit homo missus à Deo, cui nomen erat Joannes. Hic venit in testimonium, ut testimonium perhiberet de lumine, ut omnes crederent per illum. Non erat ille lux ; sed ut testimonium perhiberet de lumine. Erat lux vera quæ illuminat omnem hominem venientem in hunc mundum. In mundo erat, et mundus per ipsum factus est, et mundus eum non cognovit. In propria venit, et sui eum non receperunt. Quotquot autem receperunt eum, dedit eis potestatem filios Dei fieri, his qui credunt in nomine ejus ; qui non ex sanguinibus, neque ex voluntate carnis, neque ex voluntate viri, sed ex Deo nati sunt. ET VERBUM CARO FACTUM EST, et habitavit in nobis (et vidimus gloriam quasi Unigeniti à Patre) plenum gratiæ et veritatis.
Deo gratias.

www.ingramcontent.com/pod-product-compliance
Lightning Source LLC
Chambersburg PA
CBHW060901050426
42453CB00010B/1523